Bea Ribaux-Geier

RECHTSCHREIBUNG

Intensiv, kompakt und easy für alle

Das Buch zur erfolgreichen Rechtschreibung-APP

Übungsbuch zum Erlernen und Repetieren aller wichtigen Rechtschreibregeln

Impressum:

Konzept und Text
Bea Ribaux-Geier · CH-8002 Zürich · bea-ribaux.ch · rechtschreibung.li
Ribaux & Partner GmbH · CH-8002 Zürich · ribauxpartner.ch

Gestaltung
Roberto D'Agostini · werbedimensionen.ch

Dank
Durchsicht und Anwendbarkeit der Regeln durch Hansruedi Bühlmann
Korrekturlesen: Sandra Blabl, Cécile Geier, PD Dr. Jürg von Ins
Ein spezieller Dank für die große Unterstützung geht an meinen Mann
Claude André Ribaux

Verlag und Druck
Ribaux & Partner GmbH · Beethovenstrasse 49 · CH-8002 Zürich · Schweiz
ribauxpartner.ch

1. Auflage, 2016
ISBN 978–3–9524497–0–7

Dies ist ein verlagsneues Buch, das in Deutschland und Österreich jeweils überall dasselbe kostet. Zur Erhaltung der kulturellen Vielfalt gibt es in diesen Ländern die gesetzliche Buchpreisbindung.

Die Rechtschreibung Lauf-Lern-App
herunterladen:

www.rechtschreibung.li

Rechtschreibung macht Spaß.

Sinn und Unsinn von Rechtschreibung

Ist Rechtschreibung überhaupt wichtig? Geht es dabei vielleicht einfach nur um Schulmeisterei? Über Rechtschreibung wurden schon viele kontroverse Diskussionen geführt.

Ein Unternehmensführer schreibt in Facebook: „... Korrekte Rechtschreibung ist für mich ein absolutes Muss. Dazu gehört bei persönlichen Anschreiben oder E-Mails auch die korrekte Schreibweise des Namens. Beides hat für mich mit Respekt zu tun, aber natürlich auch mit einer guten Außenwirkung..."

Viele Menschen erachten Rechtschreibung als unnötiges Korsett, das die Kreativität behindert.
Ich bin hingegen der Meinung, dass Rechtschreibung Spaß machen kann.

Als Kinder konnten wir das schon einmal: Dinge erlernen, die angeblich langweilig und uninteressant waren. Wir wussten schlicht und einfach nicht, dass es als stumpfsinnig galt, diese Tatsachen zu lernen. Also ließen wir uns faszinieren und erforschten neue Territorien.

Deshalb produzierten mein Mann und ich eine Lauf-Lern-App mit dem Namen „Rechtschreibung". Man stülpt sich die Kopfhörer über die Ohren, setzt sich in Bewegung und hört dabei vergnügt die neun wichtigsten Rechtschreibregeln.

Die Lauf-Lern-App verbindet den Spaß an der Bewegung mit dem Lernen übers Hören. Sie deckt in elf Minuten die neun wichtigsten Rechtschreibregeln der deutschen Sprache ab. Damit werden etwa 75 % der gängigen Rechtschreibfehler erfasst.

Dieses Buch erweitert die gehörten Regeln und stellt sie in schriftlicher Form visuell dar. Die Lösungen für die vertiefenden Übungen zu den Regeln kann man direkt ins Buch notieren. Zur Selbstkontrolle haben wir unsere Lösungen auf der jeweils folgenden Seite angefügt.

Inhalt

Wie arbeite ich mit dem Buch?

Die in diesem Buch dargestellten Regeln und Merksätze decken im Normalfall einen Großteil der deutschen Rechtschreibung ab. Es handelt sich um einfache und leicht lernbare Regeln und Listen. Deshalb sollte das Lernziel sein, all diese Regeln und Ausnahmen zu kennen und beim eigenen Schreiben einzusetzen. Wer die Regeln in diesem Buch kennt, beherrscht 85 % der deutschen Rechtschreibung.

Beim Durcharbeiten helfen folgende Zeichen und Hinweise:

Übung

Der Bleistift mit **„Übung"** bedeutet immer, dass es hier etwas auszufüllen und zu ergänzen gibt.

Lösung

Das Ausrufezeichen **„Lösung"** steht immer auf der Rückseite unmittelbar nach der Übung.

Merke!

Der Smiley mit **„Merke!"** deutet auf eine allgemeine Regel hin. Diese Regel kann konsequent für alle gleichen Fälle angewendet werden.

Merke und lerne auswendig!

Dieser Smiley tritt bei Ausnahmen oder speziell zu merkenden Wörtern auf, immer, wenn die richtige Schreibweise nicht von einer Regel ableitbar ist.

Der Plural **„Äpfel"**
wird vom Singular
„Apfel" abgeleitet.

Regel 1: ä/e

Merke!

Kann man das ***ä*** vom ***a*** ableiten, schreibt man das Wort mit ***ä: Mäntel*** kommt von ***Mantel***. Kann man das ***ä*** vom ***a*** nicht ableiten, schreibt man es mit ***e***.

Zum Beispiel kann man das Wort ***Berg*** nicht von einem Wort mit ***a*** ableiten, deshalb schreibt man ***e***.

Denk dir bei ***ä*** jedes Mal das Ableitungswort.

Übung

ä oder e?

Winterm ___ ntel	f ___ chten	P ___ sse
Anf ___ nger	St ___ rne	S ___ tze
Eisenn ___ gel	w ___ rmer	qu ___ len
Frühlingsf ___ st	Z ___ hne	M ___ nsch
St ___ mpelkissen	K ___ ller	K ___ rze
Parkb ___ nke	St ___ dte	Verk ___ hr
H ___ schen	Schn ___ bel	L ___ ben
Schr ___ ck	G ___ ld	B ___ rg
Gewichth ___ ber	Erl ___ bnis	H ___ rz
n ___ hen	S ___ cke	G ___ ste
Schreibf ___ hler	W ___ lt	B ___ cker
w ___ re	T ___ ller	betr ___ chtlich
J ___ ger	f ___ lschlich	h ___ sslich

Lösung zu Regel 1:

ä oder e?

Wintermäntel	fechten	Pässe
Anfänger	Sterne	Sätze
Eisennägel	wärmer	quälen
Frühlingsfest	Zähne	Mensch
Stempelkissen	Keller	Kerze
Parkbänke	Städte	Verkehr
Häschen	Schnäbel	Leben
Schreck	Geld	Berg
Gewichtheber	Erlebnis	Herz
nähen	Säcke	Geste / Gäste
Schreibfehler	Welt	Bäcker
wäre	Teller	beträchtlich
Jäger	fälschlich	hässlich

Regel 1a: äu/eu

Merke!

Kann man das ***äu*** vom ***au*** ableiten, schreibt man das Wort mit ***äu***: ***Träume*** kommt von ***Traum***.

Kann man das ***äu*** vom ***au*** nicht ableiten, schreibt man es mit ***eu***. ***Freude*** kann man nicht von einem Wort mit ***au*** ableiten.

Übung

äu oder eu?

br ___ nen	k ___ chen	schn ___ zen
tr ___ men	Kr ___ z	Fr ___ nde
d ___ tsch	l ___ chten	L ___ se
t ___ er	L ___ fer	H ___ ser
l ___ ten	fr ___ en	L ___ te
K ___ fer	h ___ len	Sch ___ ne
d ___ tlich	F ___ er	sch ___ men
___ ch	Z ___ ne	gr ___ lich
s ___ bern	h ___ te	bl ___ lich

! Lösung zu Regel 1a:

äu oder eu?

bräunen	keuchen	schnäuzen
träumen	Kreuz	Freunde
deutsch	leuchten	Läuse
teuer	Läufer	Häuser
läuten	freuen	Leute
Käufer	heulen	Scheune
deutlich	Feuer	schäumen
euch	Zäune	gräulich
säubern	heute	bläulich

Merke und lerne auswendig!

Ausnahmen, die man nicht ableiten kann:
abwärts, ächzen, ähnlich, Ähre, Ära, allmählich, Bär, Banalität, bestätigen, dämmern, fähig, gähnen, Gebärde, gebären, Geländer, gemächlich, Gerät, Geschäft, Gräte, grässlich, jäten, Käfer, Käse, kläffen, krächzen, Krähe, Lärche, Lärm, Mädchen, mähen, Mähne, Märchen, März, räkeln, Säbel, Säge, schäbig, Schädel, schmächtig, schräg, spähen, spät, träge, Tränen, vorwärts, während, Währung, zäh.

Die Bäume ***ächzen*** im Wind.
Es ging ihm ***ähnlich*** wie mir.
Die Getreide***ähren*** werden in zwei Wochen gedroschen.
Die ***Ära*** von Mick Jagger ist noch nicht beendet.
Die ***Banalität*** gewisser Texte ist grausam.
Im Oktober beginnt die ***Dämmerung*** schon früher als im Juli.
Die ***Gebärdensprache*** ist schwer zu lernen.
Fast in jedem Garten muss man mehrmals das Unkraut ***jäten.***
Die ***Lärche*** ist ein wunderschöner Baum. Meistens sitzt die ***Lerche*** zuoberst auf dem Baum und singt ein schönes Lied.
Pferde haben schöne ***Mähnen***, die man auch zu Zöpfen flechten kann.
Januar, Februar, ***März,*** ...
Räkeln an der Sonnte tut sehr gut und wärmt.
Häuser, die man lange nicht pflegt, können mit der Zeit ***schäbig*** aussehen.
Diese Person ist nicht stark, sondern hat eine ***schmächtige*** Figur.
Wölfe ***spähen*** durch das Dickicht und sehen alles.

Knäuel, Säule, Enttäuschung, sich räuspern, sich sträuben.

Meine Katze spielt oft mit dem ***Wollknäuel.***
Die dritte ***Säule*** in der Kirche ist prächtig bemalt.
Der Richter ***räusperte*** sich öfters, bevor er zu sprechen begann.
Etwas ***sträubte*** sich in mir, und ich lief in die andere Richtung weiter.

Regel 2: bb, ll, mm, nn, etc.

Merke!

Nach einem kurz gesprochenen ***a, e, i, o, u, ä, ö, ü*** im Grundbaustein / Wortstamm folgen zwei Konsonanten. Dabei kann es sich um Verdoppelungen einzelner Konsonanten ***(b, d, f, g, l, m, n, p, r, s, t, z)*** oder die Abfolge zweier verschiedener Konsonanten handeln, z.B.:

fe**tt**: Hinter dem kurz gesprochenen ***e*** stehen zwei gleiche Konsonanten.

fla**tt**ern (Grundbaustein flatt):
Nach dem kurzen ***a*** kommen zwei gleiche Konsonanten.

Zo**ll**: Dem kurz gesprochenen ***o*** folgen zwei gleiche Konsonanten.

Bi**ld**: Dem kurzen ***i*** folgen zwei verschiedene Konsonanten.

Mu**nd**: Dem kurzen ***u*** folgen zwei verschiedene Konsonanten.

Wa**ld**: Dem kurzen ***a*** folgen zwei verschiedene Konsonanten.

Übung

Einfach oder doppelt? ***b, d, f, g, l, m, n, p, r, s, t, z***

Sti ____ t	Lö ____ el	e ____ en
verge ____ en	kle ____ ern	Wa ____ e
Spi ____ e	Ka ____ ee	do ____ elt
Rü ____ en	Pi ____ a	Zi ____ er
Ze ____ el	ma ____ en	Blu ____ e
wi ____ en	du ____	Ha ____ er
Bla ____ e	Be ____	hi ____ ten
Ta ____ e	eri ____ ern	Schlü ____ el
Wa ____ er	Ka ____	zi ____ ern
ra ____ en	Hi ____ el	bi ____ ig
Bu ____ er	schmu ____ eln	sa ____ tig
Sche ____ e	Schi ____	ho ____ en
Mo ____ or	Sta ____	Dau ____ en
be ____ en	Kna ____	Nu ____ er
Gru ____ e	Nu ____	dü ____
schli ____	ö ____ nen	To ____ e
Karto ____ el	we ____ en	ki ____ en
zusa ____ en	E ____ el	knu ____ en
Na ____ e	bö ____ e	Tre ____ e

Lösung zu Regel 2:

Einfach oder doppelt?

Stift	Löffel	essen, eben
vergessen, vergeben	klettern	Watte, Ware, Waffe, Wanne, Wade
Spinne	Kaffee	doppelt
Rüben, Rügen	Pizza	Zimmer, Ziffer
Zettel	malen	Bluse, Blume
wissen, wippen	dumm	Hammer, Hafer
Blase	Bett	hinten
Tanne, Tasse	erinnern	Schlüssel
Wasser	Kamm, Kap, Kaff	zittern, zimmern
rasen, raten, raffen	Himmel	billig, bissig
Butter	schmuggeln	saftig, samtig
Schere	Schiff	hoffen, holen
Motor	Stall, Stamm, Star, Stab	Daumen, Daunen
beten, betten, bellen, beben	Knall	Nummer
Grube, Gruppe	Null, Nuss	dünn, dürr
schlimm	öffnen	Tonne, Tolle
Kartoffel	wetten, weben, wellen, wegen, wessen	kitten, kippen, kiffen
zusammen, zusagen	Esel, Egel	knurren
Nase, Name	böse	Treppe

Regel 3: ck und tz

Merke!

Nach einem kurzen Vokal ***a, e, i, o, u oder einem kurzen Umlaut ä, ö, ü*** folgen immer ***ck*** oder ***tz***, nie nach einem Konsonanten oder Doppelvokal ***au, äu, ei, eu, ai***! *Einige Ausnahmen:* ***Diktat, direkt, Fabrik, Rektor.*** Fremdwörter haben grundsätzlich nie ***ck*** oder ***tz***.

Übungen

ck oder k?

kran ___	Lü ___ e	drü ___ en
Glü ___	zurü ___	Brü ___ e
Quar ___	Zwe ___	Scho ___ olade
De ___ e	Wol ___ e	Fabri ___
Pä ___ chen	sin ___ en	Mar ___ t
Pa ___ et	E ___ e	dan ___ en
Schau ___ el	bü ___ en	aufwe ___ en
ste ___ en	Gedan ___ e	na ___ t

tz oder z?

pu ___ en	Pla ___	Schmer ___
Kreu ___	Sal ___	hei ___ en
Ne ___	Spi ___ e	spri ___ en
zule ___ t	verle ___ en	je ___ t
schwar ___	gan ___	Hi ___ e
Mü ___ e	Poli ___ ist	Schür ___ e
Schwan ___	zerse ___ en	kur ___

Lösungen zu Regel 3:

ck oder k?

krank	Lücke	drücken
Glück	zurück	Brücke
Quark	Zweck	Schokolade
Decke	Wolke	Fabrik
Päckchen	sinken	Markt
Paket	Ecke	danken
Schaukel	bücken	aufwecken
stecken	Gedanke	nackt

tz oder z?

putzen	Platz	Schmerz
Kreuz	Salz	heizen
Netz	Spitze	spritzen
zuletzt	verletzen	jetzt
schwarz	ganz	Hitze
Mütze	Polizist	Schürze
Schwanz	zersetzen	kurz

Regel 4: ie

Merke!

Das lange ***i*** wird in 95 % der Fälle mit ***ie*** geschrieben.
Allgemein schreibt man die langen Vokale so:

Bei ***i: ie, ieh, ih***
Bei ***e: eh, ee***
Bei ***u: uh***
Bei ***ü: üh***
Bei ***a: ah, aa***
Bei ***ä: äh***
Bei ***o: oh, oo***
Bei ***ö: öh***

Übung

ie oder i?

h ___ r	D ___ b	B ___ rne
Mus ___ k	fr ___ sch	Z ___ l
Br ___ f	fl ___ gen	F ___ nger
Fabr ___ k	v ___ r	sch ___ len
Pap ___ r	L ___ belle	Fl ___ ge
M ___ nuten	W ___ nd	L ___ be
sch ___ f	tr ___ nken	B ___ ne
schl ___ ßen	W ___ ge	B ___ r
Beisp ___ l	L ___ cht	Verz ___ rung
L ___ nde	T ___ r	dekor ___ ren
K ___ no	Fr ___ den	Z ___ ge

Lösungen zu Regel 4:

ie oder i?

hier	Dieb	Birne
Musik	frisch	Ziel
Brief	fliegen	Finger
Fabrik	vier	schielen
Papier	Libelle	Fliege
Minuten	Wind	Liebe
schief	trinken	Biene
schließen	Wiege	Bier
Beispiel	Licht	Verzierung
Linde	Tier	dekorieren
Kino	Frieden	Ziege

Regel 4a: ieh

Merke und lerne auswendig!

ieh findet man in verschiedenen Verbformen:

leihen:	du l***ieh***st mir, er l***ieh*** (Präteritum)
befehlen:	du bef***ieh***lst, er bef***ieh***lt
empfehlen:	du empf***ieh***lst, er empf***ieh***lt
sehen:	du s***ieh***st, er s***ieh***t
fliehen:	du fl***ieh***st, er fl***ieh***t
stehlen:	du st***ieh***lst, er st***ieh***lt
ziehen:	du z***ieh***st, er z***ieh***t
geschehen:	es gesch***ieh***t
gedeihen:	er ged***ieh*** (Präteritum)
verzeihen:	er verz***ieh*** (Präteritum)
wiehern:	es w***ieh***ert

Regel 4b: ih

Merke und lerne auswendig!

ih schreibt man nur bei: ***ih***m, ***ih***r, ***ih***n, ***Ih***nen (Höflichkeitsform), S***ih***ltalbahn.

Regel 5: Kein Dehnungs-h und Dehnungs-e bei langen Vokalen

Merke und lerne auswendig!

Kein Dehnungs-***h*** hat es bei:

a: *graben, klar, Kran, Qual, zwar*
e: *bequem, pflegen, quer, Schere, schwer*
o: *Gnom, Quote, schon, Sporen, Strom*
u: *Blume, Blut, Glut, Schule, stur*
ä: *träge, schräg, Käse, sägen*
ö: *blöd, öde, böse, dösen, zögern*
ü: *Blüte, schwül, spülen, spüren, Rübe*

Merke und lerne auswendig!

Kein Dehnungs-***e*** oder Dehnungs-***h*** hat es bei:

Apfelsine, Bibel, Biber, Bise, Benzin, dir, Familie, Igel, Ire, Kantine, Kino, Klinik, Kusine, Kritik, Lawine, lila, Lilie, Mandarine, Maschine, mimen, mir, Musik, Pinie, prima, Prise, Rosine, Silo, Ski, (Musik)stil, Termin, Tiger, Violine, Vitrine, wir

Heute weht eine kühle ***Brise***.
Menschen, die in Irland leben, nennt man ***Iren***.
Lilien und Rosen sind herrlich duftende Blumen.
Pinienbäume schmücken oft Straßen in der Toskana.
Ohne eine ***Prise*** Salz kann ich mein Frühstücksei nicht essen.
Rosinen sind eine wichtige Zutat für Kuchen wie den Gugelhupf.
Zur Lagerung von Gras verwenden die Bauern ***Silos***.

Regel 6: aa, ee, oo

Merke und lerne auswendig!

Diese Wörter muss man auswendig lernen. Dazu gibt es keine Regeln.

aa: *Aal, Aas, Haar, paar, Paar, Saal, Saat, Waage, waagrecht*

Doppel ***aa*** *das ist klar, sind in Waage, Haar und Paar.*

ee: *Allee, Armee, Beere, Beet (Blumenbeet), Fee, Frottee, Gelee, Heer, Idee, Kaffee, Klee, krakeelen (lautstark schimpfen), leer, Meer, Moschee, Orchidee, Püree, Schnee, See, Seele, Speer, Tee, Teer, Tournee*

oo: *Boot, doof, Moor, Moos, Zoo*

Regel 7: Wörter mit V

Merke und lerne auswendig!

Merke dir diesen Satz, und du hast die wichtigsten V-Wörter gelernt:

***V**ielleicht schenkt der **V**ater dem **V**olk **v**ier **v**öllig **v**olle **V**asen,*
***v**erziert mit **v**ielen **V**ögeln.*

Merke und lerne auswendig!

Gleich noch ein Satz, den du auswendig lernen kannst:

ver- und ***vor-*** als Wortanfang:
***ver-** und **vor-** weiß ich genau, schreibt man stets mit einem **V**.*

Merke und lerne auswendig!

Es gibt eine Ausnahme: ***Fertig*** schreibt man mit einem ***F***.

GROẞSCHREIBUNG

Regel 8: Großschreibung

Merke!

Der Anfang eines Satzes ist immer großgeschrieben.

Merke!

Auch nach einem Doppelpunkt wird großgeschrieben, wenn ein ganzer Satz oder direkte Rede folgt.

Ausnahme:
Es wird nach einem Doppelpunkt kleingeschrieben, wenn ein unvollständiger Satz folgt.

Zum Beispiel:
Er nahm drei Früchte aus dem Korb: eine Apfelsine, eine Birne, eine Banane.

Merke!

Alle Nomen (Substantive, Namenwörter) werden großgeschrieben. Sie können mit einem bestimmten (*der, die, das*) oder unbestimmten Artikel / Begleiter (*ein, eine, ein*) geschrieben werden.

Kurzum: **Alle Wörter mit einem festen Geschlecht (der, die, das) werden großgeschrieben!**

Merke!

Großgeschrieben werden demzufolge auch Nomen in festen Gefügen: Ein Nomen in einem festen Begriff oder in Verbindung mit einem Verb (Tätigkeitswort) wird immer getrennt und großgeschrieben.

- Er sollte sich beim Jonglieren mehr ***in Acht nehmen***.
- Sie wollen morgen ***Ski fahren***.
- Paul lernt ***Maschine schreiben***.
- Der kleine Junge kann sehr gut ***Rad schlagen***.

Merke und lerne auswendig!

Lerne, dass man folgende Gefüge auf zwei Arten schreiben kann:

zugrunde gehen	zu Grunde gehen
aufgrund von	auf Grund von
aufseiten	auf Seiten
vonseiten	von Seiten
imstande sein	im Stande sein
instande sein	in Stande sein
instand setzen	in Stand setzen
zustande bringen	zu Stande bringen
außerstande sein	außer Stande sein
zuwege fördern	zu Wege fördern
zutage fördern	zu Tage fördern
zuleide tun	zu Leide tun

GROẞSCHREIBUNG

Regel 8a: Substantivierte Adjektive

Merke!

Adjektive werden nach Artikeln (Begleitern) und nach Wörtern wie ***wenig, viel, alles, allerlei, nichts, einiges, manch, kein, etwas*** großgeschrieben. *Ausnahme:* Groß- und Kleinschreibung bei etwas anderes/etwas Anderes und nichts anderes/nichts Anderes.

Übung

Finde die korrekte Schreibweise und ergänze:

- Etwas ___ armes braucht der Mensch.
- In der Zeitung steht allerlei ___ nteressantes.
- Zum ersten Mal trägt sie nichts ___ laues.
- Wer hätte gedacht, dass der Winter so ___ alt wird.
- Er hat von der letzten Reise wenig ___ utes zu berichten.
- Sie ist bei ___ ot über die Kreuzung gefahren.
- Ich mag das ___ elbe Hemd nicht.
- Etwas ___ utes hat die Geschichte.
- Wir klettern auf den ___ ohen Berg.
- Ich habe dir allerlei ___ eues zu berichten.
- Das ___ lau des Kleides ist wunderschön.
- Ich liebe dieses ___ equeme Sofa.
- Manche sagen, dass wenig ___ ngenehmes in der heutigen Zeitung steht.
- Man hört viel ___ utes über die beiden.
- Lass uns das Bild aus der ___ ähe betrachten.
- Bei dieser Hitze sollte man immer etwas ___ altes trinken.
- Wir glauben an das ___ ute: Du bist die ___ rößte.
- Das ___ ntscheidende war ihre Erfahrung.

Lösungen zu Regel 8a:

Substantivierte Adjektive

Etwas Warmes braucht der Mensch.
In der Zeitung steht allerlei Interessantes.
Zum ersten Mal trägt sie nichts Blaues.
Wer hätte gedacht, dass der Winter so kalt wird.
Er hat von der letzten Reise wenig Gutes zu berichten.
Sie ist bei Rot über die Kreuzung gefahren.
Ich mag das gelbe Hemd nicht.
Etwas Gutes hat die Geschichte.
Wir klettern auf den hohen Berg.
Ich habe dir allerlei Neues zu berichten.
Das Blau des Kleides ist wunderschön.
Ich liebe dieses bequeme Sofa.
Manche sagen, dass wenig Angenehmes in der heutigen Zeitung steht.
Man hört viel Gutes über die beiden.
Lass uns das Bild aus der Nähe betrachten.
Bei dieser Hitze sollte man immer etwas Kaltes trinken.
Wir glauben an das Gute: Du bist die Größte.
Das Entscheidende war ihre Erfahrung.

GROßSCHREIBUNG

Regel 8b: Adjektive als Eigennamen

Merke!

Wörter, die von geografischen Namen abgeleitet sind und in ihrer Grundform auf ***-er*** enden, schreibt man immer groß, z.B. **Köln bei Kölner Dom**. Wörter, die auf ***-isch*** enden, sind immer klein. Sind sie Teil eines Eigennamens, schreibt man sie jedoch groß, wie z.B. der **Indische Ozean.**

Übung

Fülle die korrekte Schreibweise rechts neben den Begriff ein:

LÜBECKER MARZIPAN:	______
INDISCHER TEE:	______
JAPANISCHE FLAGGE:	______
SCHWEIZER KÄSE:	______
CHINESISCHE SEIDE:	______
BERLINER BÄR:	______
KÖNIGSBERGER KLOPSE:	______
HAMBURGER HAFEN:	______
DEUTSCHE SEEN:	______
KÖLNER DOM:	______
SCHWEIZER SCHOKOLADE:	______
ITALIENISCHE PASTA:	______

Lösungen zu Regel 8b:

Adjektive als Eigennamen

Lübecker Marzipan
indischer Tee
japanische Flagge
Schweizer Käse
chinesische Seide
Berliner Bär
Königsberger Klopse
Hamburger Hafen
deutsche Seen
Kölner Dom
Schweizer Schokolade
italienische Pasta

GROẞSCHREIBUNG

Regel 8c: Nominalisierte Verben

Merke!

Verben werden zu Nomen: nach dem Artikel ***der, die, das*** und nach ***zum, am, beim, im, aufs,*** etc.

Z.B. *gehen:* *das Gehen, beim Gehen, häufiges Gehen,* etc.

Übung

Finde die korrekte Schreibweise und ergänze:

- Das ___ achen geht mir auf die Nerven. (lachen)
- Wir ___ eichnen gerne mit Buntstiften. (zeichnen)
- Beim ___ lettern habe ich mir den Fuß gebrochen. (klettern)
- Mein lautes ___ ingen gefällt unseren Nachbarn. (singen)
- Zwei Katzen ___ ielen im Garten. (spielen)
- Niemand hat mir das ___ esagt. (sagen)
- Zum ___ usruhen habe ich keine Zeit. (ausruhen)
- Wir ___ enießen das warme Wetter. (genießen)
- Häufiges ___ ielen ist nicht erlaubt. (spielen)
- Leises ___ narchen stört nicht. (schnarchen)
- Bei schönem Wetter sind wir im Park am ___ ielen. (spielen)
- Sie hatten wenig Zeit zum ___ ernen. (lernen)
- Sie kam ins ___ rübeln. (grübeln)
- Ich bin ins ___ ottern gekommen. (stottern)
- Alle hörten das ___ iehern (wiehern) der Pferde, das ___ runzen (grunzen) der Schweine und das ___ ackern (gackern) der Hühner.
- Das ___ urnen macht mir großen Spaß. (turnen)
- Ich mag langes ___ arten nicht. (warten)

Lösungen zu Regel 8c:

Nominalisierte Verben

Das Lachen geht mir auf die Nerven. (lachen)
Wir zeichnen gerne mit Buntstiften. (zeichnen)
Beim Klettern habe ich mir den Fuß gebrochen. (klettern)
Mein lautes Singen gefällt unseren Nachbarn. (singen)
Zwei Katzen spielen im Garten. (spielen)
Niemand hat mir das gesagt. (sagen)
Zum Ausruhen habe ich keine Zeit. (ausruhen)
Wir genießen das warme Wetter. (genießen)
Häufiges Spielen ist nicht erlaubt. (spielen)
Leises Schnarchen stört nicht. (schnarchen)
Bei schönem Wetter sind wir im Park am Spielen. (spielen)
Sie hatten wenig Zeit zum Lernen. (lernen)
Sie kam ins Grübeln. (grübeln)
Ich bin ins Stottern gekommen. (stottern)
Alle hörten das Wiehern (wiehern) der Pferde, das Grunzen (grunzen) der Schweine und das Gackern (gackern) der Hühner.
Das Turnen macht mir großen Spaß. (turnen)
Ich mag langes Warten nicht. (warten)

GROßSCHREIBUNG

Regel 8d: Redewendungen

Merke und lerne auswendig!

Folgende Redewendungen und Wörter schreibt man mit Großbuchstaben.

- *das Du*
- *das A*
- *das Nein*
- *Das Aus*
- *Das Für und das Wider*
- *das Jenseits*
- *ein ewiges Hin und Her*
- *das gewisse Etwas*
- *im Voraus*
- *zum Voraus*
- *im Nachhinein*
- *im Hier und Jetzt*
- *ohne Wenn und Aber*
- *mit Ach und Krach*

Regel 8e: Zahlen und Mengen

Merke!

Großgeschrieben sind:
Substantivierte Zahlen: ***die Sieben, das Hundert, eine Million***.
Er wurde ***Dritter***, die ***Dreißigjährige***.

Erste / Letzte:
- Er war der ***Erste***, der im Ziel eintraf.
- Als ***Erstes*** musste er um die Häuser ziehen.
- Daran hätte sie als ***Letztes*** gedacht.

GROẞSCHREIBUNG

Regel 8f: Endungen zeigen Nomen an

Merke!

Folgende Endungen zeigen an, dass es sich bei diesen Wörtern um Nomen handelt und man sie deshalb großschreibt.

-heit, -keit, -ling, -schaft, -nis, -ung, -tum

- *die Freiheit, die Gemeinheit, die Schönheit*
- *die Heiterkeit, die Ewigkeit, die Eitelkeit*
- *der Däumling, der Frühling, der Häuptling*
- *die Freundschaft, die Landschaft, die Wirtschaft*
- *das Geheimnis, das Ergebnis, die Finsternis*
- *die Rechnung, die Umleitung, die Umfahrung*
- *das Eigentum, der Reichtum, das Altertum*

KLEINSCHREIBUNG

Regel 9: Kleinschreibung

In der deutschen Sprache werden die meisten Wörter kleingeschrieben, insbesondere Verben, Adjektive, Pronomen und Konjunktionen.

Schneckenhäuser können sehr farbig, groß, gepunktet, vergleichsweise hell oder verwittert sein.

KLEINSCHREIBUNG

Regel 9a: Endungen zeigen Adjektive an

Merke!

Folgende Endungen zeigen an, dass es sich bei diesen Wörtern um Adjektive handelt und man sie deshalb kleinschreibt.

-los, -sam, -bar, -voll, -ig, -isch, -lich

- *arbeitslos, treulos, mühelos*
- *aufmerksam, wachsam, schweigsam*
- *wunderbar, brauchbar, nutzbar*
- *liebevoll, rücksichtsvoll, schwungvoll*
- *herzig, sonnig, wolkig*
- *herrisch, mürrisch, kindisch*
- *freundlich, herzlich, gründlich*

KLEINSCHREIBUNG

Regel 9b: Ausnahmen

Merke und lerne auswendig!

Verbindungen mit ***sein, werden, bleiben***:

Die Wörter ***bang, angst, leid, pleite, schuld, gram, bankrott, ernst, wert, klasse, spitze,*** werden in Verbindung mit ***bleiben, sein*** und ***werden*** nicht als Nomen, sondern als Adjektiv (Eigenschaftswort) gebraucht. Somit werden sie kleingeschrieben.

Weitere Ausnahmen:

leidtun: *Es tut mir leid.*

preisgeben: *Ich gebe es preis.*

standhalten: *Hält es dem stand?*

teilnehmen: *Wer nimmt teil?*

wundernehmen: *Es nimmt mich wunder.*

Übung

Ergänze in korrekter Schreibweise:

- Markus ist ___ leite.
- Die Bank hat ___ leite gemacht.
- Mir ist ___ ngst und ___ ange geworden.
- Hat vielleicht Fritz ___ uld daran?
- Man gewöhnt sich fast an das ___ leitemachen von Restaurants.
- Mir ist ganz ___ ange, wenn ich an die Prüfungen morgen denke.
- Nachdem ich alles ausgegeben habe, bin ich selber ___ uld an meiner Geldnot.
- Ihr ___ ram war sehr groß.
- Sein ___ eid hat uns sehr nachdenklich gemacht.

Lösungen zu Regel 9b:

Ausnahmen

Markus ist pleite.
Die Bank hat Pleite gemacht.
Mir ist angst und bange geworden.
Hat vielleicht Fritz Schuld daran?
Man gewöhnt sich fast an das Pleitemachen von Restaurants.
Mir ist ganz bange, wenn ich an die Prüfungen morgen denke.
Nachdem ich alles ausgegeben habe, bin ich selber schuld an meiner Geldnot.
Ihr Gram war sehr groß.
Sein Leid hat uns sehr nachdenklich gemacht.

KLEINSCHREIBUNG

Regel 9c: Adverbielle Ausdrücke

Merke!

Superlative mit ***am***, wenn sie die Frage „***Wie***“ beantworten, schreibt man klein.

- *Er rennt am schnellsten.*
- *Es ist am besten, wenn du jetzt gehst.*

Klein- oder großgeschrieben wird bei Superlativen mit ***aufs***, wenn sie die Frage „***Wie***“ beantworten.

- *Er begrüßt sie aufs herzlichste / Herzlichste.*
- *Ich bin aufs äußerste / Äußerste gespannt.*

Aber: Bei Antwort auf die Frage ***„worauf“*** wird der Superlativ großgeschrieben.

- *Wir sind (worauf?) aufs Schlimmste gefasst.*

Merke und lerne auswendig!

Folgende feste Ausdrücke sind kleingeschrieben:

- *über kurz oder lang*
- *durch dick und dünn*
- *von klein auf*
- *von nah und fern*
- *von früh auf*

Merke und lerne auswendig!

Kleingeschrieben wird auch ***die beiden***.

- *Hier sind die beiden.*
- *Ich habe heute beide gesehen.*

GROß- WIE AUCH KLEINSCHREIBUNG

Regel 10: Groß- wie auch Kleinschreibung

Die folgenden Besonderheiten der deutschen Groß- und Kleinschreibung folgen meist keiner Logik, das heißt, man muss sie sich einfach merken.

Geld hat seinen **Wert**. Es ist jedoch nicht zu jeder Zeit gleich viel **wert** – das hängt vom jeweiligen Kurs ab.

GROẞ- WIE AUCH KLEINSCHREIBUNG

Regel 10a: Tageszeiten

Merke!

Großschreibung:

Tageszeiten **nach *gestern, vorgestern, heute, morgen, übermorgen*** werden großgeschrieben.

- *gestern Morgen*
- *heute Abend*
- *vorgestern Mittag*
- *Ausnahme: morgen früh!*

Merke!

Kleinschreibung:

Tageszeitangaben mit „***s***" am Wortende und die Adverbien der Zeit werden kleingeschrieben:

morgens, abends, freitagabends, gestern, heute, übermorgen.

- *War das heute oder gestern?*
- *Was tust du morgen?*
- *Hast du freitags frei?*

Übung

Ergänze in korrekter Schreibweise:

Ich arbeite immer __ orgens __ rüh.
Morgen __ bend kommen Freunde zu uns.
Wir sind fast jeden __ bend unterwegs.
Ich bin __ orgens fast immer müde.
Heute __ orgen habe ich viel gegessen.
Ich habe __ rühmorgens keine Lust auf Sport.
Am __ onntagabend gehe ich öfters ins Kino.
Vorgestern __ bend waren meine Eltern zu Besuch.
Sie sind von __ orgens bis __ bends unterwegs.
Während des __ ages sind sie im Wald unterwegs.
Die Schüler kamen erst am __ bend von der Schulreise zurück.
Heute __ orgen ging es mir richtig gut.
Übermorgen __ achmittag gehen wir Fußball spielen.
Am __ reitagnachmittag habe ich immer schulfrei.

Lösungen zu Regel 10a:

Tageszeiten

Ich arbeite immer morgens früh.
Morgen Abend kommen Freunde zu uns.
Wir sind fast jeden Abend unterwegs.
Ich bin morgens fast immer müde.
Heute Morgen habe ich viel gegessen.
Ich habe frühmorgens keine Lust auf Sport.
Am Montagabend gehe ich öfters ins Kino.
Vorgestern Abend waren meine Eltern zu Besuch.
Sie sind von morgens bis abends unterwegs.
Während des Tages sind sie im Wald unterwegs.
Die Schüler kamen erst am Abend von der Schulreise zurück.
Heute Morgen ging es mir richtig gut.
Übermorgen Nachmittag gehen wir Fußball spielen.
Am Freitagnachmittag habe ich immer schulfrei.

GROSS- WIE AUCH KLEINSCHREIBUNG

Regel 10b: Recht/recht

Merke und lerne auswendig!

Kleinschreibung:

- *der rechte Ort*
- *der rechte Zeitpunkt*
- *jetzt erst recht*
- *So ist es recht. Das ist (mir) durchaus, ganz, völlig recht.*
- *Es soll mir recht sein.*
- *Das ist nicht recht von dir.*
- *Das geschieht ihm recht.*
- *Es ist (nur) recht und billig.*
- *Alles, was recht ist.*
- *Man kann ihm nichts recht machen.*
- *Gehe ich recht in der Annahme, dass ...*

Merke und lerne auswendig!

Großschreibung:

- *das Recht, des Recht(e)s, die Rechte*
- *bürgerliches Recht, öffentliches Recht*
- *im Recht sein*
- *von Rechts wegen*
- *mit Recht, ohne Recht*
- *etwas für Recht erkennen*
- *nach Recht und Gewissen*
- *Recht finden, sprechen, sein Recht bekommen*
- *das Recht anwenden, vertreten, verletzen, beugen*
- *sein Recht fordern auf sein Recht pochen zu seinem Recht kommen*
- *zu Recht: zu Recht bestehen, erkennen*
- *sie ist zu Recht auf den zweiten Platz gekommen*
- *aber: sie ist allein gut zurecht-gekommen, kommt allein gut zurecht*

GROß- WIE AUCH KLEINSCHREIBUNG

Regel 10c: Uhrzeiten

Merke und lerne auswendig!

Kleinschreibung: ***Zahlen*** wie auch ***halb*** sind kleingeschrieben.

- *Um acht Uhr*
- *es ist halb neun*
- *nach acht Uhr*

Merke und lerne auswendig!

Großschreibung: *Punkt, Schlag* und *Uhr*.

- *Wir kommen Punkt sieben Uhr.*
- *Wir waren Schlag zwölf im Restaurant.*

GROß- WIE AUCH KLEINSCHREIBUNG

Regel 10d: Brüche

Merke!

Großschreibung:
Brüche mit ***-tel*** und ***-stel*** werden großgeschrieben.
ein Viertel, im ersten Fünftel, ein Millionstel dieser Menge

Kleinschreibung:
Brüche von ***Zeiten*** und ***Maßangaben*** werden gross- oder kleingeschrieben:

- *ein zehntel Millimeter auch Zehntelmillimeter*
- *eine hundertstel Minute auch Hundertstelminute*
- *eine viertel Stunde auch Viertelstunde*

Regel 10e: Mal/mal

Merke!

Großschreibung:
dieses Mal / das erste Mal, einige Male, zum letzten Mal, von Mal zu Mal, mehrere Male werden großgeschrieben.

Kleinschreibung:
Wird ***mal*** als Adverb verwendet, ist es kleingeschrieben:

- *Kommst du mal rüber?*
- *Es war einmal eine Königin...*
- *Er wollte alles auf einmal.*
- *Sie versuchte es ein paarmal.*
- *Es ging zweimal gut.*

Regel 11: Grundbausteine werden immer gleich geschrieben

Wörter werden aufgeteilt in:

Präfix / Anfangsbausteine	Wortstamm / Grundbausteine	Suffix / Endbausteine
weg-	fahr-	en
Bei-	fahr-	er
vor-	les-	en
auf-	merk-	sam
be-	merk-	en
Un-	gleich-	heit
be-	gleich-	en

Merke!

Der Grundbaustein gibt dem Wort seine Bedeutung und wird **immer gleich geschrieben**. Wörter mit dem gleichen Grundbaustein bilden eine Wortfamilie.

Zum Beispiel:
Grundbaustein ***„merk“***:
be***merk***en, Auf***merk***samkeit, be***merk***bar, An***merk***ung, an***merk***en.

Grundbaustein ***„fahr“***:
Auf***fahr***t, be***fahr***en, ***Fahr***lehrer, Durch***fahr***t, ab***fahr***en, Bei***fahr***er.

Auf der nächsten Seite findest du 160 Grundbausteine, die in der deutschen Sprache oft vorkommen. Wenn du die kennst und weißt, wie man sie schreibt, dann schreibst du schon viele Wörter richtig.

Lies sie zuerst einmal durch. Damit du sie dir auch gut merken kannst, habe ich alle Grundbausteine in eine Geschichte über den Eiffelturm geschmuggelt.

Merke und lerne auswendig!

acht / ächt	verächtlich, Beachtung
all	alles, Allgemeinheit
alt / ält	älter, Altpapier
and / änd	anders, Änderung
arbeit	arbeiten, Handarbeit
art	artgerecht, Artgenosse
auch	auch
aug / äug	äugen, Augenblick
auß / äuß	außen, Äußerlichkeit
bald / bäld	bald, in Bälde
beid	beide, Beidhändigkeit
bild	bilden, Vorbild
bleib	verbleiben, Bleibe
blick	aufblicken, Ausblick
dank	bedanken, Danksagung
denk	denkwürdig, Denkmal
deut	deutlich, Deutlichkeit
deutsch	deutsch, Deutschland
dien	bedienen, Diener
ding	dingfest, Ding
dreh	verdrehen, Drehscheibe
druck / drück	Druckstelle, drücken
durch	durch, Durchschnitt
eigen	eigentlich, Eigenschaft
einz	einzig, Einzelkind
end	endlos, Ende
erst	zuerst, Erstgeborene
euch	euch
fahr / fähr	fahrbar, Fähre
fall / fäll	umfallen, Holzfäller

Merke und lerne auswendig!

fang / fäng	einfangen, Gefängnis
fehl	fehlen, Fehler
fern	entfernen, Fernseher
fert	fertig, Fertigkeit
fest	festlich, Festessen, festlegen
find	erfinden, Finderlohn
folg	folgsam, Erfolg
frag	ausfragen, Fragestunde
frau	fraulich, Frauenzeitschrift
frei	freilich, Freiheit
freund	freundlich, Freunde
früh	früh, Frühling
führ	führen, Aufführung
gar	gar, Garzeit
geb	geben, Begebenheit
gegen	gegenüber, Gegenteil
geh	gehen, Gehsteig
geist	geistlich, Geist
glaub / gläub	Glaube, gläubig
gleich	gleichfalls, Gleichung
glück	glücklich, Glückspilz
gott / gött	göttlich, Gott
greif	aufgreifen, Angreifer
groß / größ	groß, Größe
grund / gründ	grundlos, Begründung
hab	haben, Gehabe
halb	halbieren, Halbzeit
halt / hält	aufhalten, Verhältnis
hand / händ	handlich, Hände
Haupt	behaupten, Hauptsache

haus / häus	häuslich, Hausdach
herr	herrlich, Herrenmantel
herz	herzlich, Herz
heut	heute, Heute
hier	hier, Hier
hoh / höh	hohe, Höhenkurve
hör	hörbar, Gehör
immer	immer, Immergrün
jahr / jähr	jährlich, Jahreszeit
jed	jede, jedermann
jen	jene, Jenseits
jetz	jetzig, Jetztzeit
kind	kindlich, Kinderschar
klag / kläg	anklagen, Kläger
klein	verkleinern, Kleinigkeit
komm / kömm	bekömmlich, Einkommen
könn	können, Könner
land / länd	landauf, Länder
lass / läss	lassen, Verlässlichkeit
leb	lebendig, Leben
leg	legen, Verlegenheit
leicht	erleichtern, Leichtigkeit
letzt	zuletzt, Letztere
lieb	verlieben, Liebling
lieg	liegend, Liegestuhl
mach	machen, Machart
mal	anmalen, Maler
mann / männ	männlich, Mannschaft
mass	massig, Masse
mehr	vermehren, Mehrzahl

Merke und lerne auswendig!

mensch	menschlich, Menschheit
merk	merkwürdig, Bemerkung
mitt	ermitteln, Mittelpunkt
mög	mögen, Möglichkeit
muss / müss	müssen, Muss
nam	gleichnamig, Vorname
nehm	vornehmen, Benehmen
neu	neulich, Neuheit
nie	nie, Niemandsland
oder	oder
ohn	ohne, Ohnmacht
ord	verordnen, Ordnung
platz / plätz	platzieren, Plätzchen
recht	rechtlich, Unrecht
reg	aufregen, Regung
reich	reichlich, Reichtum
reit	ausreiten, Reiterin
richt	richtig, Richtung
ruck / rück	rucken, Rücken
sach / säch	sächlich, Tatsache
sag / säg	unsäglich, Aussage
samm(e)l	sammeln, Sammlung
scheid	bescheiden, Scheidung
schein	scheinbar, Erscheinung
schließ	schließlich, Schließfach
schön	schön, Schönheit
seh	sehen, Aussehen
selb	selber, Unselbständigkeit
setz	hinsetzen, Setzling
sicht	sichtbar, Aussicht

sitz	absitzen, Sitzplatz
solch	solche
soll	sollen, Sollzahl
sonder	besonders, Besonderheit
spiel	verspielen, Spielball
sprech	sprechen, Sprechblase
stand / ständ	standhaft, Abstände
steh	aufstehen, Stehlampe
stell	aufstellen, Gestell
stimm	stimmig, Abstimmung
such	suchen, Versuch
tag / täg	täglich, Tag
teil	verteilen, Abteil
trag / träg	tragbar, Träger
tret	treten, Tretauto
üb	üben, Übung
unt	unten, Unterschied
vater / väter	väterlich, Vater
viel	viele, Vielfalt
voll / völl	vollständig, Völlerei
wahr	wahrlich, Wahrheit
weich	erweichen, Abweichung
weis	weise, Weisheit
weiß	weiß, Edelweiß
weit	erweitern, Weite
wend	wende, Anwendung
werd	werden, Werdegang
wieder	wieder, Wiederholung
wirk	wirklich, Wirklichkeit
wiss	wissend, Wissenschaft
wohl	wohlhabend, Wohlstand

Merke 11

Merke und lerne auswendig!

woll	wollen, Wohlwollen
wort / wört	wortlos, Wörterbuch
zahl / zähl	unbezahlbar, Zähler
zeig	anzeigen, Zeiger
zeit	zeitlich, Zeitung

zieh	aufziehen, Beziehung
zwei	zweimal, Zweirad
zwischen	zwischen, Zwischenhalt

Liste übernommen aus **„Grundbausteine der Rechtschreibung“** von Katharina Leemann Ambroz und aus **„Recht schreiben. Recht üben“** von Margrit Demont.

Merktext Grundbausteine

Da es schwierig ist, lange Listen auswendig zu lernen, habe ich alle Grundbausteine in einen bestehenden Artikel aus der Frankfurter Allgemeine Zeitung vom 8.10.2014 eingebaut. Durch mehrmaliges Lesen und Lernen kann man sich die Grundbausteine besser einprägen:

Als ob man über Paris schweben würde

Alles wird am 125 Jahre **alt**en Eiffelturm verjüngt und wenige Teile davon werden ver**änd**ert. Die Umbau**arbeit**en umfassen auf der ersten Plattform einen Glasboden, durch den man in Zukunft seine **Art**genossen **auch** von oben be**äug**en kann. Bald weiht die Pariser Bürgermeisterin das renovierte Wahrzeichen der Stadt ein.

Von **Äuß**erlichkeiten lässt sich Madame le Maire, Frau Anne Hidalgo, die Bürgermeisterin von Paris, nicht ablenken, denn sie wird schon sehr **bald** mit **beid**en Füßen auf diesem Glasboden ver**bleib**en, den kein bisheriges **Bild** des Eifelturms zeigt, zum Himmel auf**blick**en und sich bei allen Mitwirkenden be**dank**en. Dieser Tag wird so **denk**würdig sein, weil man **deut**lich spürt, dass man 57 m über dem Boden schwebt. Diese Einweihung könnte nicht stattfinden, wenn die **deutsche** Armee den Eiffelturm im zweiten Weltkrieg zerstört hätte. Die erste Plattform des Eiffelturms **dien**t in Zukunft dem Blick nach unten. Dieses neue **Ding** soll fortan noch mehr Besucher auf die unbeliebteste Plattform des mit 324 Metern höchsten Bauwerks der französischen Hauptstadt locken, Besucher, die sich faszinieren lassen von der Stahlkonstruktion mit all ihren einge**dreh**ten Schrauben. Selbstverständlich werden sich die Besucher, jeder **einz**eln, vor dem Lift um einen Platz **drück**en, in der Hoffnung, **durch** die dem Lift **eigen**e Kraft **end**lich an der Spitze anzukommen. Erst dort wird **euch** die Höhe des Turms bewusst.

Die Idee der Glasplattform geht noch auf Hidalgos Vorgänger, Betrand Delanoë, zurück. Auf den Turm hochge**fahr**en hatte er festgestellt, dass die Konstruktion in die Jahre gekommen war. Nicht, dass die Gefahr des Um**fall**ens bestanden hätte. Trotzdem wollte Delanoë die Gunst des Moments ein**fang**en und nicht den **Fehl**er machen, die „Eiserne Dame“, die 1889 zur Weltausstellung in Paris eröffnet wurde und die man schon aus weiter **Fern**e sieht, ohne Verjüngungskur weiter in die Jahre kommen zu lassen.

Es verlange große **Fert**igkeit, die Renovierungsarbeiten ohne Einschränkung des Besucherstroms umzusetzen.

Das Ergebnis kann sich rechtzeitig zum 125. Geburtstagsfest sehen lassen. Das **find**et jedenfalls die strahlende Bürgermeisterin. Neu kann man auch mit den Händen einem drei Meter hohen Geländer aus Glasplatten **folg**en. **Frag**los wird der **Frau** Bürgermeisterin auch ein modernisierter Glaspavillon mit **frei**em Blick für Empfänge und Konferenzen gefallen und **freund**liches Wohlwollen auslösen. Wer **früh** bucht, lässt sich im Pavillon vielleicht zu einem exzellenten Essen mit fein ge**gar**tem Braten ver**führ**en. Das wäre zweifellos eine unvergessliche Be**geben**heit, die sich noch erzählen ließe, wenn man dereinst den Nachkommen **gegen**über sitzt!

Zur offiziellen Eröffnung der Plattform **geh**en alle, die im Pariser Kunstleben Rang und Namen haben und vom Geist der Stadt beseelt sind. Da **glaub**t man **gleich**falls nicht, dass sich zu Zeiten des Turmbaus die Künstlerszene gegen Gustave Eiffel gewendet hatte. **Glück**licherweise fruchtete eine Protestschrift der damaligen **Gött**er der Kulturszene nicht. Die Schriftsteller Emile Zola und Guy de Maupassant, sowie der Architekt der Pariser Oper, Charles Garnier, und der Komponist Charles Gounod beschlossen, den Turmbau mit einem Schreiben anzu**greif**en. Sie wandten sich gegen das **Groß**projekt, mit der Be**gründ**ung, es handelte sich um ein unnötiges Ge**habe**: „Wir Schriftsteller, Maler, Bildhauer, Architekten und leidenschaftliche Liebhaber der Schönheit von Paris protestieren im Namen des verkannten französischen Geschmacks mit aller Macht gegen die Erbauung des unnötigen und ungeheuerlichen Eiffelturms im Herzen unserer Stadt." Dieser Widerstand hat sich mittlerweile nicht nur **halb**iert, sondern unauf**halt**sam aufgelöst. Nichts also hält von der Begeisterung am Eiffelturm ab. Jeder will das Eisengerüst mit der **Hand** berühren, Hauptsache, man ist ganz nah dran. Für viele ist der Eiffelturm schon beinahe so bekannt wie das eigene **Haus**. **Herr**liche Baukunst, die eines jeden **Herz**schlag selbst **heut**e noch im **Hier** und Jetzt in die **Höh**e treibt.

Wer Anne Hidalgo zu**hör**t, erfährt **immer** wieder, wie sie zu allen **Jah**reszeiten **jed**e Einzelheit von ihrem ersten Besuch auf dem Wahrzeichen von Paris innerlich abrufen kann. **Jen**e Reise beschreibt sie **jetz**t noch gern , als sie in einer **Kind**erschar ohne sich zu be**klag**en in die Warteschlange trat, die sich nur langsam ver**klein**erte, um „das Größte" zu erleben, was sie als spanisches Einwandererkind von Eltern mit geringem Ein**komm**en überhaupt hatte erleben **könn**en. Landauf landab konnte man in ihrer Autobiographie lesen oder sich vorlesen **lass**en, was die zukünftige Bürgermeisterin von Paris er**leb**t hatte, und wie sie es aus**leg**te, sodass sie sich letztlich nach vielen Jahren mit **Leicht**igkeit für das wichtige politische Amt der Vize-Bürgermeisterin bewerben konnte. Ihre große Liebe, die Stadt Paris, liegt ihr jedoch nur selten so eindrücklich zu Füßen, wie in dem Moment, nachdem das Lifting des Turmes ge**macht** und jede noch so kleine Schraube ange**mal**t war. Ihrer **Mann**schaft gefällt allerdings der Begriff ‚Lifting' nicht, denn der Eiffelturm habe schon immer aus der **Mass**e, der **Mehr**zahl herausgeragt. „Unser nationales Wahrzeichen hat stets eine zeitlose Modernität ausgezeichnet", sagt die Bürgermeisterin. Die 5400 Quadratmeter große unterste Plattform eines der wichtigen Wahrzeichen der **Mensch**heit ist schon zum dritten Mal modernisiert worden. Be**merk**enswert ist, dass diesmal der Turm vermehrt auch für das einheimische Publikum zum **Mittel**punkt seiner Freizeit**mög**lichkeiten gemacht werden muss. Zu diesem Zweck gestalteten die Erneuerer auch das Restaurant mit dem **Nam**en „58 Tour Eiffel" vor**nehm**lich räumlich um. Eine **Neu**heit ist zudem, dass der 10 000 Tonnen schwere Turm **nie** mehr nur von Außenenergie **oder** gar fossilem Brennstoff abhängig sein, sondern für ökologische Nachhaltigkeit stehen soll. Nicht ganz **ohne** die alte Energieversorgung **ord**nen nun Solarmodule die natürliche Bestrahlung des Turms, wobei intelligent **platz**ierte Wasserturbinen mindestens die Hälfte des Warmwasserbedarfs decken. **Recht** haben auch grüne Anliegen, die berechnen, dass der Eiffelturm in Zukunft ohne spezielle Auf**reg**ung mit 8000 Kilowattstunden reichlich Strom produziert. Zu Pferd auf den Turm **reit**en wird man auch in Zukunft nicht, doch wird der Besuch automatisch in die digitale **Richt**ung ge**rück**t, indem tatsächlich virtuelle Hilfen den Besuchern Aus**sag**en und ge**sammelt**e Information übers Smartphone oder Tablet bieten. Unbe**scheid**en tritt jetzt **schein**bar das Leben von Gustave Eiffel in den Vordergrund. Moderne Installationen zeigen, wie der Turm gebaut wurde, so dass er **schließ**lich seine ganze Schönheit entfalten konnte. Zum Zeitpunkt der Weltausstellung von 1889 konnte niemand ahnen, dass das Aus**seh**en des Turmes mit seiner markanten Silhouette für die meisten Fotografien und Bilder von Paris ein ge**setz**tes, weithin sichtbares Sujet abgeben sollte. Ob man **sitz**t oder steht, die Silhouette des Turms ist **solch**ermaßen zur ständigen Begleitung geworden.

Sollzahlen für die Besuche sind nicht gesetzt, obwohl seit 2006 als historische Be**sonder**heit das Wahrzeichen nicht mehr ausschließlich von der Stadt Paris, sondern von der gemischten Kapitalgesellschaft „Society d'Exploitation de la Tour Eiffel („Sete")" verwaltet wird. Damit wird der Turm jedoch nicht zum **Spiel**ball partikularer Gewinninteressen, denn der Stadt Paris gehören immer noch 60 % des Aktienkapitals, der Rest privaten Investoren, wie ein **Sprech**er mitteilte. In Jahresab**ständ**en erfahren wir auch das Betriebsergebnis: 2013 **steht** der Umsatz der Betriebsgesellschaft mit 73 Millionen Euro zu Buch, mit einem sicherge**stell**ten Gewinn von 5 Millionen Euro. Abge**stimm**t mit den Renovierungskosten von 30 Millionen Euro ergibt sich der Ver**such**, ein ausgeglichenes Betriebsergebnis zu erzielen, indem man die Besucher **täg**lich besser ver**teilt**, was auch für die Infrastruktur **trag**barer und ökologisch ver**tret**barer wird.

Bei dieser **Üb**ung spielt die neue Plattform eine wichtige Rolle. Im **Unt**erschied zu früher, als alle Besucher sofort nach ganz oben wollten, gibt es jetzt neue Erlebnismöglichkeiten, wo **Väte**r und Mütter ihren Kindern eine **Viel**falt an **voll**ständig neuen Erfahrungen bieten können. **Wahr**lich hofft auch Hidalgo, dass sich die Besucher von diesen spannenden Innovationen er**weich**en lassen und **weis**e entscheiden, nicht nur das **Weiß** des Himmels ganz oben anzustreben, sondern die Perspektive um den spektakulären Blick auf die Welt durch den Glasboden zu er**weit**ern. Ob sich die Besucherströme nach oben durch die Eröffnung der neu gestalteten Plattform ab**wend**en lassen **werd**en, oder ob in **Wirk**lichkeit der Drang zur Spitze ungebrochen bleibt, zeigt erst die Zukunft.

Wissenschaftler sind mit **wohl**habenden, erlebnishungrigen, wohl**woll**enden, armen, jungen und alten Besuchern einig: Der Eiffelturm ist **wört**lich ein lebendiges Erbe, unbe**zahl**bar, jedoch kein Museum. Er zeigt sich als zeitlose Erlebnismöglichkeit, zu der jeder seine eigene Be**zieh**ung aufbauen kann, ob er einmal, **zwei**mal oder vielmal vorbei kommt, für einen **Zwischen**halt im hektischen urbanen Leben.

Regel 12: Wörter mit bb, dd, gg, kk und zz

In der deutschen Sprache werden nur sehr wenige Wörter mit ***bb, dd, gg, kk*** oder ***zz*** geschrieben.

Übung

Ergänze in korrekter Schreibweise:

a ____ ieren	Kra ____ e
A ____ ord	kri ____ elig
A ____ u	Ma ____ i
a ____ urat	Ma ____ aroni
A ____ usativ	Ni ____ a
Ba ____ er	Pa ____ el
bu ____ eln	Pi ____ a
Do ____ e	Pu ____ ing
dri ____ eln	Ra ____ ia
E ____ e (Traktor)	Ro ____ en
E ____ e und Flut	Sa ____ o
Fla ____ e	schla ____ ern
flü ____ e	Schmu ____ ler
Interme ____ o	Ski ____ e, ski ____ ieren
Ja ____	Te ____ y
Jo ____ ing, jo ____ t	Wa ____ on
kna ____ ern	kni ____ ern

Lösungen zu Regel 12:

Wörter mit bb, dd, gg, kk und zz

addieren	Krabbe
Akkord	kribbelig
Akku	Maggi
akkurat	Makkaroni
Akkusativ	Nizza
Bagger	Paddel
buddeln	Pizza
Dogge	Pudding
dribbeln	Razzia
Egge (Traktor)	Roggen
Ebbe und Flut	Sakko
Flagge	schlabbern
flügge	Schmuggler
Intermezzo	Skizze, skizzieren
Jazz	Teddy
Jogging, joggt	Waggon
knabbern	knittern

Regel 13: Irgend

Wortverbindungen mit ***„irgend"*** werden **zusammengeschrieben.**

irgendwann, irgendein, irgendwelche, irgendwer, irgendwohin, irgendjemand, irgendwie, irgendetwas, irgendwo.

Wird der Begriff jedoch erweitert, wird er **getrennt geschrieben:**
irgend so etwas, irgend so ein/e/er.

Regel 14: Zusammenschreibung

Merke und lerne auswendig!

Merke diese **Zusammensetzungen** (Mattle, S.26):

Verben:
aufeinanderprallen, aneinanderreihen, nebeneinandersitzen, vorwärtskommen, vorausreiten, entgegenkommen, zusammenstellen, sicherstellen, zueinanderpassen, sitzenlassen, kennenlernen, krankschreiben, blaumachen, klarmachen, näherbringen, fertigmachen, fernhalten, vorhersagen, heimkehren, haushalten, teilnehmen, preisgeben, irreführen, wettmachen, standhalten, stattfinden.

Adjektive / Partizipien:
stundenlang, kilometerlang, hochintelligent, leichtbekleidet, wohlüberlegt, naheliegend, nichtssagend, vielversprechend, alleinerziehend, freudestrahlend, blutstillend, gewinnbringend, kostensenkend, ratsuchend, aufsehenerregend, dunkelblau, selbstmachend, todkrank.

Regel 15: Getrenntschreibung

Merke und lerne auswendig!

Folgende **Getrenntschreibungen** muss man kennen (Mattle, S.26):

wie viel, wie lange, allzu viel, ebenso viele, vor allem, in Bezug auf, zu Recht (mit Recht), zu Hause, nach Hause, eine Zeit lang, da sein, dabei sein, Ski fahren, Schlange stehen.

Regel 16: Ph / ph

Merke und lerne auswendig!

Folgende Wörter schreibt man mit ***Ph / ph***:

der Triumph, der Prophet, die Strophe, Physik, der Asphalt, der Philosoph, das Alphabet, die Atmosphäre, das Phantom, der Paragraph, die Katastrophe.

Regel 17: Th / th

Merke und lerne auswendig!

Folgende Wörter schreibt man mit ***Th / th***:

die Apotheke, die Videothek, das Theater, die Theorie, die Theke, der Athlet.

Regel 18: ai

Merke und lerne auswendig!

Folgende Wörter schreibt man mit ***ai***:

- *der Hai*
- *der Mai*
- *der Laich*
- *der Laib*
- *die Waise*
- *die Saite*
- *der Kaiser*
- *Mailand*
- *der Laie*
- *der Hain*
- *der Bonsai*
- *naiv*
- *E-Mail*
- *die Taille*
- *Thailand*
- *fair*
- *der Mais*

Regel 19: zz

Merke und lerne auswendig!

Verdoppeltes ***zz*** tritt in der deutschen Sprache nur sehr selten auf, die wichtigsten Anwendungen davon sind:

Blizzard, Brazzaville, Jacuzzi, Jazz, Nizza, Pizza, Puzzle, Razzia, Skizze, wuzzeln

Regel 20: Qu/qu

Merke und lerne auswendig!

In der deutschen Sprache schreibt man den Buchstaben ***Q / q*** fast immer in Kombination mit dem Vokal ***u***.

Beispiele: *Qualle, Quelle, quietschen, Quadrat*

Ausnahmen sind Wörter, die aus einer meist asiatischen Fremdsprache übernommen wurden. Beispiele sind:

Qi = Lebensenergie in der chinesischen Philosophie
Qigong = eine chinesischer Heilmethode
Qindar = albanische Währungseinheit

Regel 21: das oder dass?

Merke!

Wenn man ***das*** durch ***dieses*** oder ***welches*** ersetzen kann, schreibt man ***das*** mit einem ***S***.

Merke! Die Wörter ***dieses / welches*** schreibt man mit einem ***S***, darum hat das Wörtchen ***das*** nach dem Komma ebenfalls nur ein ***S***.

Übung

das oder dass?

Ich denke, es ist ____ Menu, ____ ich sehr gerne bestellen würde.
Stimmt ____ , was er meint?
Es ist so früh, ____ wir noch nicht aufstehen müssen.
____ Buch, ___ ich lese, ist sehr spannend.
Ich vermute, ____ er noch nicht da ist.
Ich bin mir sicher, ____ ____ so geschehen ist.
Das Auto, ____ dort steht, gehört mir.
Max hat gesagt, ____ er bald da ist.
Er hat sich ____ rechte Handgelenk verletzt.
Das Spiel, ____ ich neulich gekauft habe, ist langweilig.
Sprich mir ____ genau nach.
Ruth isst ____ trockene Brot.

Lösungen zu Regel 21:

das oder dass?

Ich denke, es ist das Menu, das ich sehr gerne bestellen würde.
Stimmt das, was er meint?
Es ist so früh, dass wir noch nicht aufstehen müssen.
Das Buch, das ich lese, ist sehr spannend.
Ich vermute, dass er noch nicht da ist.
Ich bin mir sicher, dass das so geschehen ist.
Das Auto, das dort steht, gehört mir.
Max hat gesagt, dass er bald da ist.
Er hat sich das rechte Handgelenk verletzt.
Das Spiel, das ich neulich gekauft habe, ist langweilig.
Sprich mir das genau nach.
Ruth isst das trockene Brot.

Regel 22: Zeichensetzung bei direkter Rede

Merke!

Direkte Rede wird mit ***Anführungs- und Schlusszeichen*** geschrieben.

Max sagt: „Ich möchte gerne einen Apfel."
Franziska fragt: „Darf ich nach draußen gehen?"

Ist die direkte Rede vorangestellt, so folgt nach dem Ausrufe- oder Fragezeichen und dem anschließenden Schlusszeichen ein Komma.

„Geht es dir gut?", fragt Lydia.
„Hast du viele Geschenke bekommen?", fragt seine Schwester.

„Geh in den Laden", rief die Mutter, „und hole Milch!"

Übung

Ergänze in korrekter Schreibweise:

___ Kommst du heute Abend zu mir ___ fragt Thomas.
Antonia sagt ___ Ich will diese Hausaufgaben nicht machen ___
___ Klar doch ___ brüllt Stephanie ___ ich komm ja schon ___
___ Wie geht es dir ___ fragt Andreas.
___ Sind Delfine Fische oder Säugetiere ___ fragt Tim.
Alexander antwortet ___ Das weiß man doch ___
___ Wenn ich es wüsste ___ antwortet Tim ___ würde ich nicht fragen.

Lösungen zu Regel 22:

Zeichensetzung bei direkter Rede

„Kommst du heute Abend zu mir?“, fragt Thomas.
Antonia sagt: „Ich will diese Hausaufgaben nicht machen.“
„Klar doch!“, brüllt Stephanie, „ich komm ja schon.“
„Wie geht es dir?“, fragt Andreas.
„Sind Delfine Fische oder Säugetiere?“, fragt Tim.
Alexander antwortet: „Das weiß man doch.“
„Wenn ich es wüsste“, antwortet Tim, „würde ich nicht fragen.“

Regel 23: Fremdwörter

Merke und lerne auswendig!

Die Schreibweise dieser Wörter muss man auswendig lernen:

- Abonnement
- Aperitif
- Apotheke
- Apparat
- Appetit
- Asphalt
- Baldachin
- Bankrott
- Bibliothek
- Billett
- Boiler
- Boykott
- Chauffeur
- Coiffeur
- Cousin
- Etikette
- Elektrizität
- Fotografie
- Harasse
- Interesse
- Jeep
- Joghurt oder Jogurt
- Hockey
- Kamikaze
- Kapelle
- Katalysator
- Kondukteur
- Krawatte
- Lokomotive
- Maschine
- Mokka
- Parallele
- Parmesan
- Restaurant
- Rhythmus
- Routine
- Sandwich
- Saxophon
- Skalpell
- Symmetrie
- Sympathie
- Schokolade
- Terrasse
- Theater
- Thermometer
- Thunfisch
- Trottoir
- Tyrann
- Vagabund
- Vanille
- Volleyball

Regel 24: SS oder ß (Eszett)

Merke und lerne auswendig!

Das Schriftzeichen ***ß*** (gesprochenes Eszett oder scharfes S) ist ein Konsonant des deutschen Alphabets. Er kommt ausschließlich in der deutschen Sprache vor und wird nur in Deutschland und in Österreich angewendet, nicht in der Schweiz und in Liechtenstein.

Nach einem kurzen Vokal (*Schloss, Schlüssel*) folgt ein Doppel-S, nach einem langen Vokal ***a, e ,i, o, u,*** Umlaut ***ä, ö, ü*** (*Fuß, gießen*) oder Doppellaut ***au, eu, ei, ie*** (*heißen, Preußen*) folgt das scharfe ***ß***.

Anfang 2008 wurde das große ß als neues Zeichen in den internationalen Standard Unicode für Computerzeichensätze aufgenommen, am 24. Juni 2008 trat die entsprechende Ergänzung der Norm ISO / IEC 10646 in Kraft.[1] (Wikipedia,)

Übung

Kennzeichne die korrekte Schreibweise mit einem Häkchen:

grüssen	grüßen ✓
groß	gross
Fuß	Fuss
schließen	schliessen
Massnahme	Maßnahme
Faß	Fass
Maßstab	Massstab
Gefäß	Gefäss

Verstoss	Verstoß
Floße	Flosse
Strasse	Straße
dreißig	dreissig
beißen	beissen
Schlüßel	Schlüssel
rechtmässig	rechtmäßig
Maß	Mass
Mäusefraß	Mäusefrass
Laßo	Lasso
Kinospaß	Kinospass
Lernfleiß	Lernfleiss
Sproße	Sprosse
Nelkensträuße	Nelkensträusse
Eiweiss	Eiweiß
Nutzniesser	Nutznießer

Lösungen zu Regel 24:

ss oder ß (Eszett)

grüßen
groß
Fuß
schließen
Maßnahme
Fass
Maßstab
Gefäß
Verstoß
Flosse
Straße
dreißig
beißen
Schlüssel
rechtmäßig
Maß
Mäusefraß
Lasso
Kinospaß
Lernfleiß
Sprosse
Nelkensträuße
Eiweiß
Nutznießer

Literatur und Quellen

Einzelne Beispiele können aus folgenden Werken stammen.

Demont, Margrit (2006): Recht schreiben. Recht üben.
ZKM Verlag, Winterthur. 2. Auflage.

Lassert, Ursula (2000): Rechtschreiben, aber wie?
Ein Lehrgang für die 5. / 6. Klasse. Auer Verlag, Donauwörth. 2. Auflage.

Leemann Ambroz, Katharina (2008): Grundbausteine der Rechtschreibung. Eine systematische Einführung in die deutsche Rechtschreibung. Klett und Balmer Verlag, Zug. 3. Auflage.

Mattle, Andres (2009): Sprachtrainer Deutsch. Rechtschreibung.
Die Regeln kennen und sicher anwenden. Für Schule, Studium und Beruf.
hk Verlag, Wetzikon. 2. Auflage.

www.belleslettres.eu

https://de.wikipedia.org/wiki/Gro%C3%9Fes_%C3%9F

Fotografie
Eiffelturm: Amy Ingenhoes
Geld: Roberto D'Agostini
Schnecken: Claude André Ribaux

Zur Unterstützung und Optimierung der Rechtschreibung empfehle ich zwei Bücher:

Lux, Jürgen C. ; Ribaux-Geier, Beatrice (2015):
Fibokids Clever Lernen: Das innovative Intensiv-Lernprogramm nach Fibonacci, Fibonachi Verlag, Schweiz.

Lux, Jürgen C.; Ribaux-Geier, Beatrice (2016):
Fibokids Clever Lernen: SchoolPower, Intensiv-Lernprogramm nach Fibonacci, Fibonachi Verlag, Schweiz.

www.fibokids.com

Notizen